तड़पन (दर्द-ऐ-मोहब्बत)
TADPAN (PAIN-A-LOVE)

संगम चौधरी

Copyright © Sangam Choudhary
All Rights Reserved.

This book has been self-published with all reasonable efforts taken to make the material error-free by the author. No part of this book shall be used, reproduced in any manner whatsoever without written permission from the author, except in the case of brief quotations embodied in critical articles and reviews.

The Author of this book is solely responsible and liable for its content including but not limited to the views, representations, descriptions, statements, information, opinions and references ["Content"]. The Content of this book shall not constitute or be construed or deemed to reflect the opinion or expression of the Publisher or Editor. Neither the Publisher nor Editor endorse or approve the Content of this book or guarantee the reliability, accuracy or completeness of the Content published herein and do not make any representations or warranties of any kind, express or implied, including but not limited to the implied warranties of merchantability, fitness for a particular purpose. The Publisher and Editor shall not be liable whatsoever for any errors, omissions, whether such errors or omissions result from negligence, accident, or any other cause or claims for loss or damages of any kind, including without limitation, indirect or consequential loss or damage arising out of use, inability to use, or about the reliability, accuracy or sufficiency of the information contained in this book.

Made with ♥ on the Notion Press Platform
www.notionpress.com

तड़पन
(दर्द-ऐ-मोहब्बत)

संगम चौधरी

क्रम-सूची

प्रस्तावना — vii

भूमिका — ix

पावती (स्वीकृति) — xi

प्रेम का परिचय

जिंक़ातिल -ऐ - ख़्वाबदगी

दर्द

मुलाक़ात

दिल कि व्यथा सुनाऊँ

ख़याल

क़ातिल -ऐ - ख़्वाब

ये काली रातें

आरज़ू

मोहब्बत

ख़्वाब 1

ख़्वाब 2

मैं नहीं राम

आख़िरी रात

एहसास -ऐ- मोहब्बत

ख़्याल- ऐ -इश्क़

तड़पन

कोरा काग़ज़

एक शख़्स

क्रम-सूची

चाह

शायरी 1

शायरी 2

ज़िन्दगी का रूठना

शायरी 3

रंगीन रातों मे

इश्क़ का अंजाम

प्रस्तावना

मै संगम चौधरी मेरा जन्म अलवार राजस्थान मै हुवा है, मुझे कविताये लिखने बोहत पसंद है. एकमधली क्लास फॅमिली से बेलोलगेड करता हू, लिखने का शॉक graduation होणे से लागा. पोएम छोटे छोटे लेख लिखना चालू किया.प्यार का सही मतलब है.मेरे नजरो मी लव्ह का मतलब है, हम प्यार असे करते है, हर बात शेर करेमेरा पाहिला बुक प्रकाशित हो रहा है, बोहत खुश हू, मेरी पहिली बुक मोहीतपुब्लिशिंगहाऊस हो राही है,मेरा बुक का नाम है, तड़पन(दर्द-ऐ-मोहब्बत)

भूमिका

मै संगम चौधरी मेरा जन्म अलवार राजस्थान मै हुवा है, मुझे कविताये लिखने बोहत पसंद है. एकमधली क्लास फॅमिली से बेलोलगेड करता हू, लिखने का शॉक graduation होणे से लागा. पोएम छोटे छोटे लेख लिखना चालू किया.

प्यार का सही मतलब है.

मेरे नजरो मी लव्ह का मतलब है, हम प्यार असे करते है, हर बात शेर करे

मेरा पाहिला बुक प्रकाशित हो रहा है, बोहत खुश हू, मेरी पहिली बुक मोहीतपुब्लिशिंगहाऊस हो राही है,

मेरा बुक का नाम है, तड़पन

(दर्द-ऐ-मोहब्बत)

पावती (स्वीकृति)

1. प्रेम का परिचय
2. जिंक़ातिल -ऐ - ख़्वाबदगी
3. दर्द
4. मुलाक़ात
5. दिल कि व्यथा सुनाऊँ
6. ख़याल
7. क़ातिल -ऐ - ख़्वाब
8. ये काली रातें
9. आरज़ू
10. मोहब्बत
11. ख़्वाब 1
12. ख़्वाब 2
13. मैं नहीं राम
14. आख़िरी रात
15. एहसास -ऐ- मोहब्बत
16. ख़्याल- ऐ -इश्क़
17. तड़पन
18. कोरा काग़ज़
19. एक शख़्स
20. चाह
21. शायरी 1
22. शायरी 2
23. ज़िन्दगी का

पावती (स्वीकृति)

रूठना
24. शायरी 3
25. रंगीन रातों मे
26. इश्क़ का अंजाम

प्रेम का परिचय

प्रेम का परिचय क्या
वीराने में तड़पन या
दर्द-ऐ-जुदाई ,

जिस्मों कि संतुष्टि या
वादे - ऐ - रुसवाई

हैं क्या बला यह प्रेम ?
कोई बना मजनूँ तो
कोई मोहन बना

पर नसीब सब के देखो
सिर्फ़ और सिर्फ़
मोहब्बत - ऐ - जुदाई मिली ।

कभी - कभी सोचता हूँ
क्या मिला ?
ना प्रेम मिला , ना अब मैं रहा
रही तो बस साँसें रही
और ये जिस्म रहा ।

रोज़ तड़पती रातें ,
जिनमे ख़्वाबों का क़त्ल हुआ
क्या गुनाह रहा मेरा
बस इश्क़ किया यहीं

क़सूर रहा ।।

जिंक़ातिल -ऐ - ख़्वाबदगी

ना अपनायें वो मुझे
परवाह नहीं ,
ख़्वाबों को सुली चढ़ा दिया
घोट के गला ख़ुशियों का
मैं ख़ुद अपना क़ातिल
हो लिया ।

फिर अब इश्क़ कि राहों मे
मैं अब बहुत आगे हो लिया
ना मिला अपना यहाँ मुझे कोई
मैंने ख़ुद को भी खो दिया
अपने ख़्वाबों का मैं ख़ुद ही
क़ातिल हो लिया ।।

दर्द

दर्द बड़ता हैं तो तुम्हारा ही नाम
पुकारता हूँ ,

देखो प्रिये
तुम मोहन कहती थी मुझको
मैं अब बस राधा -राधा पुकारता हूँ ।

यादों मे छवि तुम्हारी
बनाता हूँ ,
धुँधली - धुँधली बनी यादों मे
फिर मैं कहीं खो जाता हूँ ।

यादों मे तुम्हारी
मन का लगाव अच्छा हैं
पर यह बस कुछ पल का संसार
लगता हैं ।।

फिर लौट के वापस आता हूँ
हक़ीक़तों से सामना करता हू

बहे नीर फिर
मैं ख़ुद को बेबस पाता हूँ
देखो प्रिये !
तुम्हारी यादों मे मैं बस

खुद को तड़पता पाता हूँ ।

देखो प्रिये
मैं बस तुम्हें पुकारता रहता हूँ ,

क्यों यह करुण वेदनायें हृदय की
तुम्हें सुनाई नहीं देती हैं ,
क्या बेबसी मेरी तुम्हें
दिखाई नहीं देती हैं ।

क्या तुम्हें अब याद हमारी
नहीं आती हैं ।।

मुलाक़ात

क्या होगी तुमसे मुलाक़ात कभी
दिल सोचता हैं ये बात अभी

तब तुम हमको पहचान लोगी
या अन-देखा कर दोगी
पर फिर
हमें देख कर भी तुम्हारे मन मे
मिलन की एक चाह तो
उठ रही होगी ।

कैसे सब आँखो के सामने
गुज़रे लम्हे घूम रहें होंगे
हम तुमसे दूर है इस बात के
ग़म तुम्हें भी तो चुभ
रहे होंगे ।।

दिल कि व्यथा सुनाऊँ

छलनी हुआ पड़ा हूँ
किसको बताऊँ
सब ख़्वाब हैं टूटे मेरे
किसको बतलाऊँ
मैं किसको मेरे मन की
बातें समझाऊँ ।

मैं टूट चुका हूँ , हार चुका हूँ
मैं सिर्फ़ झूठा मुस्कुरा रहा हूँ
यह कैसे सब को समझाऊँ
मैं किसको अपना हाल बताऊँ
मैं किसे अपनी पीढ़ा समझाऊँ ।।

ख़याल

मैं सबसे दूर हो कर
तेरा होना चाहता हूँ ,
हाँ थक चुका हूँ मैं
तेरी गोद मे सोना चाहता हूँ ।

बुझी सी आँखो से तेरे सपने
देख रहा हूँ
अपने अधूरे ख़्वाबों को मैं
तेरे साथ पूरा करना चाहता हूँ ,
हाँ मैं बस तेरा होना चाहता हूँ
ख़ुद को खो कर बस मैं
तुम्हें पाना चाहता हूँ

क़ातिल -ऐ - ख़्वाब

ना अपनायें वो मुझे
परवाह नहीं ,
ख़्वाबों को सुली चढ़ा दिया
घोट के गला ख़ुशियों का
मैं ख़ुद अपना क़ातिल
हो लिया ।

फिर अब इश्क़ कि राहों मे
मैं अब बहुत आगे हो लिया
ना मिला अपना यहाँ मुझे कोई
मैंने ख़ुद को भी खो दिया
अपने ख़्वाबों का मैं ख़ुद ही
क़ातिल हो लिया ।।

ये काली रातें

हैं काली रात आयी
ख़ामोशी हर तरफ़ हैं छाई
आसमान से जमीं तक देखो
बस हवा कि आहटें आयी ।

मैं खड़ा दरिचे किनारे
आसमान को निहारू
उम्मीद हों जैसे चाँद निकले
मैं उस ओर निहारू

हो कहीं मीलों दूर तुम
जमीं चाँद के फ़ासले जितने

अब उम्मीद ना रहीं
लौट आने की

सपनो के आशियाँ बन जाने की
ना कोई ख़्वाब अब बाक़ी हैं

ना याद आना अभी बंद हुयी

आरज़ू

ना ख़्वाबों कि आरज़ू हैं
ना जीने की तमन्ना रही
एक श़ख्श से बिछड़ कर
साँसो से मोह ना रहाँ ।

जियूँ तो जियूँ कैसे
मुझमें मुझ सा मैं नहीं
होके उस से जुदा
मैं ख़ुद से भी हुआ हूँ
जीने की अब कोई
ख़्वाईश नहीं
साँसो की पावन बेला से भी
अब कोई मोह नहीं ।।

मोहब्बत

ना करो ये इश्क़ कि बातें हमसे
हम ठोकर खायें हुयें हैं
ना समझाओ , ना पढ़ाओ ये
मोहब्बत के क़िस्से हम को
हम पहले ही पढ़ें हुये हैं ।

तुम कहते हों इश्क़ खुदा कि
इबादत हैं
हम पहले हि उस खुदा से
रूठे हुयें हैं ।।

ख़्वाब 1

हैं एक ख़्वाईश फिर से
कि हों मुलाक़ातें तुमसे ,चंद बातें हों
साथ तुम्हारे फिर कुछ
लम्हे हों ,
वही आँखो मे आँखें डाल कर
देखू तुम्हें
और फिर से तुमसे वहीं
दिलों वाली बात हों ।।

ख़्वाब 2

आँखो कि पलकों पर सजी
मीठी नींद सी हों तुम
ख़्वाबों मे आती हैं
उस परी सी हों तुम
खुले जो अँखियाँ मेरी
तो गुलाब की महक सी हों
बंद आँखियो मे मेरी
तुम कोई ख़्वाब सी हों ।।

मैं नहीं राम

इस कलयुग मे तुम सीता सहीं
पर मैं तो राम नहीं
मोहब्बत के नाम पर जो क़त्ल करें
मैं वो इंसान नहीं ।

ख़्वाब दिखाऊँ , सपने तोड़ू
भावनाओं का ख़ून करूँ
नहीं- नहीं , मैं ऐसा इंसान नहीं
हाँ मैं तुम्हारा राम नहीं ।।

करो सीता संबोधित तुम स्वयं को
तुम मुझे राम कहो
यह अधिकार नहीं ,

प्रेम जिसे तुम समझो
मेरे लियें वो प्रेम नहीं
घोपु ख़ंजर इश्क़ के नाम पर
करूँ मैं व्यापार शरीर के नाम पर
नहीं यह प्रेम नहीं
हाँ , मैं राम नहीं
मैं राम नहीं ।।

आख़िरी रात

आख़िरी रात हैं
रिश्तों के एहसासों की
दिल मे बसें जज़्बातों की
यह आख़िरी रात हैं ।

तेरे - मेरे साथ की
अपनी यादों की
यें क़त्ल कि रात हैं
मोहब्बत के एहसासों की ,

यह आख़िरी रात हैं
पुराने रूप से मिलन की
हर साँस की
जुड़े हमारे रिश्ते के
गवाहों की
यह आख़िरी रात हैं ।

तेरे माथे की बदलती तक़दीर की
गले के हार की
यह अंतिम घड़ी हैं
तेरी मुझसे रिहाई की
यह आख़िरी रात हैं
यह क़त्ल कि रात हैं ।।

एहसास -ऐ- मोहब्बत

क्या तुम भी रोयीं होंगी
होके जुदा तुम मुझसे
क्या ! ख़ुश रह पायी होंगी

क्या तुम भी मेरी तरह
इश्क़ मे रोयी होंगी

ग़ैरों की बाँहों में जाके
कैसा लगा होगा तुमको
मुझको बताओ मेरे प्रिये
क्या , मेरी बाँहों के जैसे
सुख पायी होगी ।

स्पर्श किसी के हाथों का
अब जब तुम को होता होगा
मेरे स्पर्श जैसा
क्या एहसास होता होगा ।।

चूमता होगा जब तुमको
तब वो चुंबन तुमको
याद दिलाते होंगे मेरी ,
उस पल प्रिये मन कि तुम्हारे
क्या दशा होती होगी
काँपतीं होगी तुम या लज्जा तुमको
आती होगी ।

बाँहों में जाके जब तुम उसकी
शर्माती होंगी
उस पल सच बताना
याद मेरी तो आती होगी
याद मेरी तो आती होगी ।।

ख़्याल- ऐ -इश्क़

गुन- गुनाऊ मैं गीत कोई
हवाओं से सुर मिलाऊँ
बैठ कहीं ऐकांत मे
मैं तेरी तस्वीर बनाऊँ ।

क़लम से लिखूँ फिर गीत नये
तुझे शब्दों में सजाऊँ
बनी तस्वीर तेरी जहाँ मुझसे
उसमें कयी रंग सजाऊँ
मैं कोई नये गीत लिखूँ
फिर गुन- गुनाऊ ।।

तड़पन

साँसे चल रही हैं
मैं मर चुका हूँ
मुस्कुराते लबों से मैं
अंदर ही अंदर रो
रहा हूँ ।
छलक जाती हैं आँखे मेरी
जब दर्द बे-क़ाबू हों जाता हैं
यह कैसी उलझने हैं ज़िन्दगी की
अपने सपने ही दर्द की वजह
बन जाते हैं ।।

कोरा काग़ज़

मैं कोरा काग़ज़ हूँ
मुझमे कोई रंग भरो ना
रंग - बिरंगा कर के मुझे
फिर से गुलज़ार करों ना
कर के सतरंगी मुझे
ख़ुशियों से भर दो
मैं कोरा काग़ज़ हूँ
मुझे रंगो से भर दो ना ।।

एक शख़्स

एक शख़्स की शख़्सियत से
रूबरू मैं हुआ
होके रूबरू मैं मिला
मोह काया से कर बैठा
तन की सुंदरता पर मर बैठा
फिर दिल तुड़वा बैठा ।

रोग नये लगा लियें
अजीबो -अजीब ख़यालों से
रिश्ता जोड़ चुका
सब अपनो को छोड़ चुका
बस हैं धुन मन मे सवार
बस वहीं हैं मेरा यार, प्यार ,संसार ।।

चाह

चाह कर भी रो नहीं सकता
मौत से मिल नहीं सकता
यादें तेरी ज़हर बनकर
ज़हन मे चुभती हैं
बदक़िस्मती देखो मेरी
मैं अभगा तुझे याद कर के रो
भी नहीं सकता ।।

शायरी 1

ख़ामोश ज़ुबान वजह तुम हों
भीगी पलकें बातें तुम हों
परेशान दिल , तड़पन तुम हों

जुर्म मेरा यह ख़्वाब मेरा
जवाँ उम्र , ख़ता इश्क़ मेरा

इश्क़ मे आशिक़ का हाल ना पूछो कोई
जब दिल टूट जायें तो
अशको का सैलाब रोको
कोई ।।

नब्ज़ रुकी दिल का ख़ून हुआ
देखो !
एक आशियाना फिर से इश्क़ मे
डूब गया ।।

ख़ुश होता हूँ तब - तलक पूछें ना कोई
हाल तेरा
दिल रो उठता हैं जब देता हूँ
जवाब तेरा ।।

शायरी 2

कच्ची उम्र हैं
कच्ची उम्र का इश्क़ हैं
कच्चा दिल हैं , सच्ची मोहब्बत हैं

तुम ज़रा ध्यान से करो बातें हम से
हमें इश्क़ का तजुरबा बहुत हैं ।।

पिंजरे ने जकड़ लिया
एक उड़ते पंछी को
देखो !
इश्क़ ने क़ैद कर लिया
एक आवारा लड़के को ।।

राधा सा इश्क़ मेरा
तुम कोई ख़्वाब
लगती हों ,
कैसे लिखू चंद पंक्तियो मे
कि तुम
सम्पूर्ण संसार लगती
हों ।।

ज़िन्दगी का रूठना

इन ख़्वाबों को टूटने दो
अश्को को बहने दो
ज़रूरी है टूटना
इनका
इश्क़ किया हैं ज़ालिम
हमने
ज़रूरी हैं ज़िन्दगी का
रूठना ।।

शायरी 3

तनहा अकेला दिल जब ज़िन्दगी से थक चुका होता हैं ।उसकी बातें उसकी आवाज़ें सुनने वाला जब कोई नहीं होता तब वो ख़ुद को ख़ुद के दर्द बताना शुरू करता हैं । कश्मकश में वह अपनी पीढ़ा समझने समझाने के लिए स्वयं का चुनाव करता हैं ।।.....

रात के एक पहर गुज़रने के बाद एक आशिक़ जब अकेला तनहा जब ख़ुद से ही बातें करता हैं तो वो बस एक ख़याल मे गुम रहता हैं कि क्या उसको वो शख़्स फिर कभी मिलेगा जिसकी यादों मे वह अपने दिन अपनी रातें निकालता हैं । क्या उस से कभी मुलाक़ात होंगीं ? ....

रंगीन रातों मे

खवाबों कि रंगीन रातों मे
ख़ुद को खो जाने दो
वो इश्क़ तुमसे करे या ना करें
तुम ख़ुद को उसका हों जाने दो ।।

इश्क़ का अंजाम

दिल जला कर ख़्वाब देख रहा हूँ
हर पल मैं ख़ुद से दूर हो रहा हूँ ,

इश्क़ का अंजाम हैं
मालूम मुझे
फिर भी देखो
इश्क़ का ग़ुलाम हो
रहा हूँ मैं ।।

मै संगम चौधरी मेरा जन्म अलवार राजस्थान मै हुवा है, मुझे कविताये लिखने बोहत पसंद है. एकमधली क्लास फॅमिली से बेलोलगेड करता हू, लिखने का शॉक graduation होणे से लागा. पोएम छोटे छोटे लेख लिखना चालू किया.

प्यार का सही मतलब है.

मेरे नजरो मी लव्ह का मतलब है, हम प्यार असे करते है, हर बात शेर करे

मेरा पाहिला बुक प्रकाशित हो रहा है, बोहत खुश हू, मेरी पहिली बुक मोहीतपुब्लिशिंगहाऊस हो राही है,

मेरा बुक का नाम है, तड़पन

(दर्द-ऐ-मोहब्बत)

CPSIA information can be obtained
at www.ICGtesting.com
Printed in the USA
BVHW091450130223
658289BV00008B/841

9 798889 352631